Auch für

Melanie

Anaïs

Joy

Rico

Yaël

© 2019 Marc Elba

Umschlaggestaltung:
Stephan Bundi;
Atelier Bundi AG | Visuelle Kommunikation
Schlossstraße 78 | CH 3067 Boll

Buchsatz:
Angelika Fleckenstein;
Spotsrock | Lektorat & Textwerkstatt
Rosenthaler Str. 40 | D 41849 Wassenberg

Verlag und Druck:
tredition GmbH
Halenreie 40-44
22359 Hamburg

ISBN Taschenbuch: 978-3-7497-2959-3
ISBN Hardcover: 978-3-7497-2960-9
ISBN e-Book: 978-3-7497-2961-6

Bibliografische Information der Deutschen Nationalbibliothek:
Die Deutsche Nationalbibliothek verzeichnet diese Publikation in der Deutschen Nationalbibliografie; detaillierte bibliografische Daten sind im Internet über http://dnb.d-nb.de abrufbar.

Marc Elba

Schurgitterwolkenschafe

Ungereimtes für Querdenkende

GEDANKENSPLITTER

Über den Bäumen
Döst Sommerlicht
Worte kommen
Gehen bleiben
Irrlichter im Raum
Fensterlos die Felder
Kraniche im Haar

Heuduft
Zerfledderte
Menschenbilder
Schützengräben
Schritt um Schritt
Kreuz an Kreuz
Nur Staub
Kein Blut
Doch Cirrus
Abfalleimer
Der Zeit

Schreib
Einen Brief
Ohne Worte
Frage nicht
Nach dem Sinn
Vergiss
Auf dem Weg
Dorthin
Die Narben
In Deinen
Augen

Der Gitterkubus
Des Vergangenen
Liegt
Im Schatten
Gestrandete Gegenwart
Schaumkronen
Aus Salz
Lebenszeichen
Am Rand

Wortfetzen aus
Liebe
Bleu de fer
Auf
Der Zunge
Straßenplätze
Kähne
Rataka Corvianna
Himmelsweiber
Hand in Hand

Gehäutet
Auf dem Rücken liegen
Inmitten der Sinne
Seelenlos nackt
Himmel brechen
Auseinander
Malven blühen
Im Vorübergehen

Bücher sind
Keine Bäume
Vor dem Schafott
Blühen Erdbeeren
Es gibt noch
Dieses wiederkehrende
Umarmen
Auf halbem Weg

Tische nur
Feuertische
Oeil de dinde
Eisvögel auf
Trauerweiden
Hundeschwärme
Hin und wieder
Wanzenstraßen
Kreuz und quer
Anjo dann

Die Liebe flattert
Im Triangel
Herz
Herzlich
Am Seligsten
Sei umarmt
In den Katakomben
Des Lebens

Geier kreisen
Über den Moränen
Denk an
Das umlobte Land
Die Engel
Den Fahrtwind
Im Haar
Schwefel
Zwischen den Zähnen
Es gibt
Kein Zurück

Keinen Boden
Unter
Den Füssen
Lieder im
Kopf
Ein Flammenmeer
Sprachlos
Vor Glück

Wo

Ist das Spiegelbild

Aus Granit

Nur im

Rausch

An einem Tag

Ohne Sonne

Taucht es auf

Aus dem

Nirgendwo

Apokalyptisch

Lebe
Leben
Vergiss alle
Jedermann
Lass dich
Fallen
Schwerelos
Durch dein Sein
Ohne Angst
Zu lieben

Augen
Gleiten
Wie Hände
Über
Haut
Pulsende Lenden
Ausgeglühte Lava
Der Lust
Auf dem Altar
Der Vergänglichkeit

Neblige Schatten
Zwischen
Den Bäumen
Jenseits
Des Glücks
Dumpfe Angst
Quält sich
Durch
Die Häuser
Endlos

Der Mund ist
Kein Auge
Der Tag
Ein Mann
Frau geht
Auf und Ab
Schwarzweiß
Wie Mohn

Ein Lichtblick
Mitten
In der Nacht
Küsse
Auge in Auge
Kinderlachen
In der Ferne
Huracan
Spielt
Die Regenharfe

Wasserlilien
Blühen
Über den Wolken
Lieder durch
Die Zeit
Blütenstaub
Im Gesicht
Flächen auch
Hitze und Eis

Auf dem Scheiterhaufen
Der Illusionen
Streiten
Vögel
Um einen Krümel Nichts
Seit Übergestern
Bis Vormorgen

Das Kleid
Gleitet
Von den Schultern
Körper
Im Herbstlicht
Blind vor Schönheit
Küssen
Wunde Lippen
Alles
Bis zuletzt

Sanduhren
Im Schnee
Schläge aus
Zucker
Himbeerschlampen
Hüllenloser
Absturz
Zwischen den Brüsten
Lieblos
Stumm

Fische tanzen
Unter den Laternen
Vollblut Limetten
Singen
Leibeslieder
Mann kennt sie
Die Sehnsucht
Nach der Anderen
Frau noch
Meer

Gedanken
Spielereien
Ohne Tabu
Die Leichtigkeit
Der Nacht
Freiheit
Am Puls des Todes
Ebbe und Flut
Tränen
Perlen des Glücks

Wetterleuchten
Unter der Brücke
Des Lebens
Schritte
Auf dem Wasser
Lautlos
Der Wellenschlag
Vor dem Gewitter
Ballett
Der Libellen

Brotlos
Mutlos
Kopflos
Kraftlos
Haltlos
Hoffnungslos
Leblos
Mein Los
Dein Los
Unser Los
Gnadenlos

Sommerregen
Durch
Schattenrisse
Melancholie
Liebeskringel
Tanzen
Um die Hüften
Sonderbar
Gedankenlos

Flügelherz
Über den
Zeiten
Getrieben vom
Zyklon
Durch
Die Hände
Rinnt
Einfaches Glück

Buchstaben
Schweigen
In den Köpfen
Namenloser
Körper
Ausgeweidet
Wie
Raben
Am Kreuz

Unverblümt
Spricht das Schweigen
Von Dir
Mon amour
Liebesbriefe
Ohne Worte
Liebeslieder
Ohne Töne
Es bleibt
Das Weinen
Der Farben
In verlassenen Räumen

WORTKALEIDOSKOPE

Hormontumult
Nach
Dickdarmvertrieb
Schilddrüsenflimmern
Weitsichtembolie
Demenzverschnitt
Sepsissyndrom
Degenerationsnerven
Erbschaftskremation
Fleischaschenzerstreuung
Hinter
Dauerapplaus
Im
Mehrzwecksarg

Wassertuchdampfventil
Treppenfenstermaschine
Kulturplastikschande
Wolfhenkervaterlatte
Hausleberschänder
Pfannentaschenbrüter
Kehrichtwogenbrenner
Uhrenschlangenmütze
Mordblumengenick
Beilstockschlecker
Vulkanpapagallosetzer
Minus
Gasmundgauner
Im Paradies

Dachwindaugust
Storenkrugschlappen
Burgunderfirstakt
Lichtmongolendecke
Rappelle-toi
Barbara
Kugelsägenhebamme
Lustgliederschrapnell
Trosslagerlanzendamen
Atomwasserklima
Entenwegdarmherzen
Totaltodschalter
Endleiche
Aus
Fährtig

Kunstgoldrahmen

Über

Sandwasserrunzeln

Überschlagsbeine

Sprungbrettraben

Seniorenmenstruationsgewalt

Kleinmordnudisten

Reibahlenfresser

Taucherschweifberuf

Migrationsersäufergekrächz

Für

Herzprothesenkonsumenten

Gusswechselrechnung
Mattenseilboxer
Helmradlust
Maschinentrommlerfliege
Zeitzeigerzone
Schlagstundenklang
Pulsstreikroman
Bruststreifenstecher
Filzbauchflasche
Schirmtonwinde
Abdeckerhagelstadt
Fransenlochschwester
Hornzwergtuchkanne
Fotorosenbodengürtel
Am Grab
Von Saint Joseph

Filztaubenschwanz
Laufplattensprecher
Schallbüchsendraht
Kissensuchtliege
Reizmutstengelkarte
Tassenlautgarten
Regenstabglas
Musterbärenstiche
Nasenfingerbrille
Schirmhalterpfeffer
Metzgerdosenbacken
Oft als
Baumhornbrenner

La vagabonde
Umzugskinderharmonie
Knieskopfstoff
Blutgewehrdarm
Egoistenschauer
Schirmsonnepinguine
Nussmooseule
Gehmälderqual
Führerleinemarder
Dauerlacherschnauz
Vom
Brotrainiger
Rhein der

Respektverleser
Zwischen
Zeugwerkmahler
Verschätzfrauen
Morgenknallmänner
Geschlechterschlüssel
Blockfaustberechtigung
Adergrabenausheber
Nach
Konsumprüfereien
Herkunftsfarben
Gegenüber

Lupenfächerleuchte
Königsofaweide
Bleihosenkeule
Gibsspritfliegensteine
Radiatorsprachenrolle
Humpenbetonbecken
Tubenfeilenpinsel
Buchziegelstifte
Gabelspießrahmen
Klingelschützflieger
Giraffenzitronenfallen
Tropfenrauchekzem
Gegen
Zahnschattensterben

Flaschenhemdblut
Treppenmord
Wirbellocher
Falttaschenblumen
Beim
Messerschlürfertor
Nagelbürstenanschlag
Oberarmgängerin
Todeskugeldiskont
Blockfechtermacho
Kiesbartweg
Durch
Blick

Zahnsalatmusik
Feindpolderdemokraten
Abscheufleckenkrach
Politikabredeflucht
Schicksalprotokollmoloch
Aprikosenschwertfolgen
Muschelprangerkassen
Maßhandelfächer
Frischlingzünderfrucht
Treppenstockdirnen
Zufallapfelstirne
Kugellindendoktorfallen
Säurewellenumschlag
Oktoberpflanzenspinner
Mit Krebsdrogen
Auf dem
Dachboden

Somatec Manitou
Fraglos
Tinitusschallvinyl
Kraftbändergelenke
Faisanderie
Tagesverbruch
Leiberleibhöhle
In
Nusskirschwäldern
Kranzhalsholde
Auf
Fliederhämorridenschleuder
Schauernarrbürokraten
Ohne
Nichts

Feldleichentänze
Paarlibellen
Haushalterschmeiß
Brombeerengrabscher
Kanonenhaarokra
Grußwurfschatten
Mehlfarbenzucker
Ab
Stiftrollenpapier
Rauchpollerblumen
Löcherwirbelbrücken
Glasrohrbläserknospe
Davor

Sägemehlgebirge
Massenmenschen
Neuf Brisach
Algenmäher
Um
Rosalie
Käfigwurzelwild
Neben
Lichtlaternentönen
Clotilde
Lärmstille
Kadavergeläute
Für
Radkranzpoeten

Dorfzeittäter
Windfichtenleber
Klingeltreppenhemd
Zeitliedstimmen
Landscherzspuren
Dachmorgenfeuer
Burschenbaubrief
Suchtbogenfarben
Onkeltonsohle
Streifenholzmetall
Doseneckenmund
Zeichenwellenschub
Glanzweinglauben
Ohne
Porzellaneichenflaschen

Kopfhüte
Handhüte
Behüte
Torellofahrten
Durch
Parkkinderbäume
Muskelklimmer
Thunfischgeschrei
In
Zuchtspargelfurchen
Witbierzwiebeltante
Vom
Oberhalsbauchübel

Trolljägerwolf
Lochwirbelschneider
Stengelhortensienwein
Tischstickereiholz
Dampfstuhlglätter
Zeitstraßenlupe
Brettbeutelfarben
Arazzopestschminke
Hummerschlamasselnixe
Anemonenhockermarinade
Auerbachläufer
Nebst
Seilenziankanonen

Matrax
Helena
Mauermänner
Männermauern
Löffelfederpinsel
Dammrückenversagen
Kaulquappenbambus
Unter
Glockenhausplacenta
Gezwittschervögel
Für
Erwürgte
Zikadenrhapsodie

Schurgitterwolkenschafe
Wachbettmilbengelächter
Rockschluchtspiegel
Fraßfallenmotten
Zum
Jammerfachonkel
Platinregenöde
Balkonfensterballon
Schlachtkissenfeder
Nachbarshautfrauen
In der
Schmuddelnagelkantine

Reisnadelumschlag
Klavierschnittrauschen
Nachtgabelcellulitis
Musikzylinderblatt
Gerstenschüsselton
Ziegelschirmkreuz
Elefantenstichfelle
Heimatjugendgerste
Blechschlagbecken
Flaggengolfschachtel
Torhammerrasur
Hinter
Zapfenvulvajuwel

Klubschussplastik
Melbackenziegelsalbe
Terrassenfilzdünger
Ameisenmirabellensieb
Lobfarbenbohrer
Kaffeezaunpflicht
Kulturneidpuppen
Meisterkreditfoto
Welpenglutparkett
Gerätebusenklinik
Wechselbuchziel
Lottoratorgan
Abauferhängen

Stabjungfrauenkuss
Kaminziegelhenker
Kontaktdessertmail
Pfeilfächerlupe
Venenatomquartier
Kordelhirnschwein
Widderglossenschutz
Fliederpilzmode
Silbenespenautist
Pulloverschlüsselkissen
Isolatorendrathlampe
Mordschlepperfolter
Im
Schlauchverboot
Todwärts

Magazindolmetscherbolzen
Heldenpistolenschädling
Nadelrauchinsolvenz
Steinfleckenangel
Rubindynamitspalte
Obwohl
Temps perdu
Wieder
Figarognomenbrand
Klarinettenlexikonzimmer
Pepitaquotenmulde
Stimmenumarmungen
Paradiso perduto
Et cetera

Saitenabiturblondine
Monokelbarrikadenziege
Wegerichanatomiesalto
Salpeterbatikmönch
Zigeunerabortnarzisse
Mispelkanülensuche
Bastardzirkelwatte
Nischenbassistenobjekt
Kaninchenelipsenoblaten
Bläsergeneratorendespot
Pandemiekonfusion
Infolge
Deliriumhitze
Nach
Herpes labialis
An der
Mandoline

Kulturdepression
Gabelsteinpapier
Lupendeckelohm
Zahnbartschlüssel
Lukenlacklecker
Farbloser Verkehr
Ohne
Knopfhosen
Blumenschubser
Eisenteppichwahn
Vor
Dem Zerfall

Gipsseilkübel
Nach
Plakatmuldenmassage
Kupferziegelplache
Ventilatordrahtstand
Bambusfaltertunnel
Kranzgletscher
Rübendachraben
Quadrathammerstaub
Wollewellenwalzer
Erinnerungslos
Taub

Bierbärenbarriere
Eishofgenossenbar
Vorhangknotenriegel
Neben
Dem Man
Objektkonsum
Signaltreue
Korallengattin
Les feuilles
Mortes
Für
Testplattenhengste

Tieranlagefabel
Ramschmopsgewalt
Wetterschlagschlamper
Absenderbrennerei
Zumunwohl
Mazurkarevierverleih
Gewandausflug
Klingelfäule
Im
Nordnordwestwind
Nochmalige Fehldiagnose
Trotz Rollsitz
Notabene

Encore
Kugeltassenkaffee
Strompralinenhaare
Mistralmauerpest
Argloser
Fellverlust
Themenkonzert
Gruppenzweifler
Streikhüttenquarto
Spielgespielinnen
Erlebnisse
Im Abseits

Liederumlaufinstrument

Kabelapparathülle

Tassenschrankzoll

Rauchzotengießer

Ventilkolbenschlauch

Gletscherbankschieber

Haferlumpenlippen

Hortensiendioxinkalmücke

Lederstiftschoner

Zaubergischtstrand

Mädchengeistträume

Ipanema

Até logo